LOS GLACIARES
Renae Gilles y Warren Rylands
EYEDISCOVER

Ve a **www.openlightbox.com** e ingresa el código único de este libro.

CÓDIGO DEL LIBRO

AVH83449

EYEDISCOVER te trae libros mejorados por multimedia que apoyan el aprendizaje activo.

Published by Lightbox Learning Inc.
276 5th Avenue, Suite 704 #917
New York, NY 10001
Website: www.openlightbox.com

Library of Congress Control Number: 2021950533

ISBN 978-1-7911-4385-5 (hardcover)

Printed in Guangzhou, China
1 2 3 4 5 6 7 8 9 0 25 24 23 22 21

122021
102521

English Editor: John Willis
Spanish Editor: Ana María Vidal
Designers: Mandy Christiansen
Spanish/English Translator: Translation Services USA

Lightbox Learning Inc. acknowledges Alamy, Getty Images, and Shutterstock as the primary image suppliers for this title.

LOS GLACIARES

En este libro aprenderás

- cómo son
- dónde están
- qué hacen

¡y mucho más!

Un glaciar es un
gran trozo de hielo.

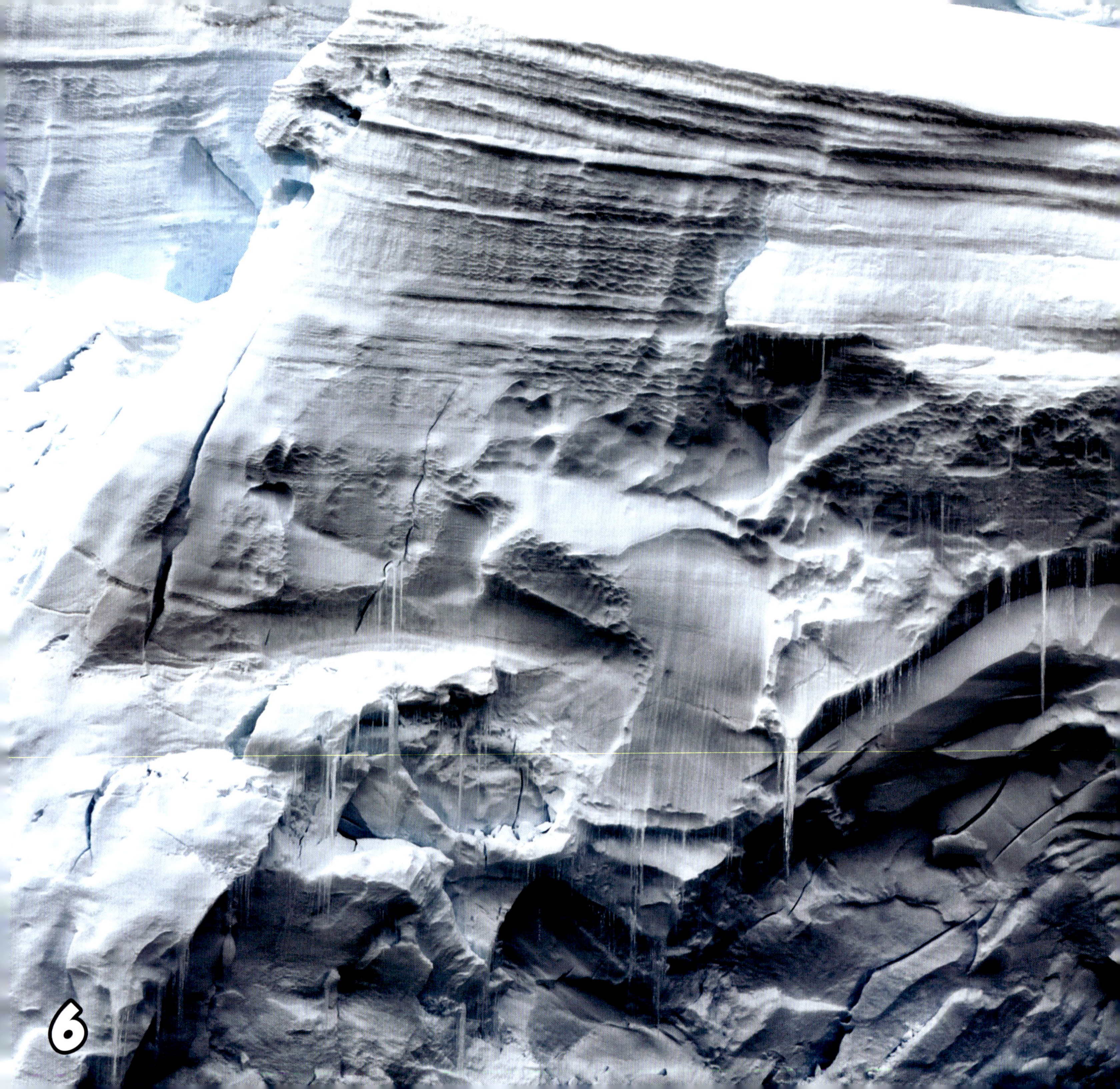
6

Los glaciares están hechos de nieve acumulada durante cientos de años.

El hielo suele ser blanco, pero el hielo del glaciar es azul.

La mayor parte del agua dulce del mundo está en los glaciares.

Los glaciares están en lugares donde hace frío todo el año.

Puede haber glaciares en las montañas. Hay glaciares en el monte Kilimanjaro de África.

Los glaciares se derriten lentamente. Se mueven al deslizarse sobre el agua que se derrite.

Algunos glaciares se mueven 1 pulgada por día. Otros se mueven 130 pies.

Los glaciares son una parte importante de la Tierra. Deben estar protegidos.

LOS GLACIARES EN NÚMEROS

Los océanos serían **200 pies más profundos** si se derritieran todos los glaciares (60,9 metros).

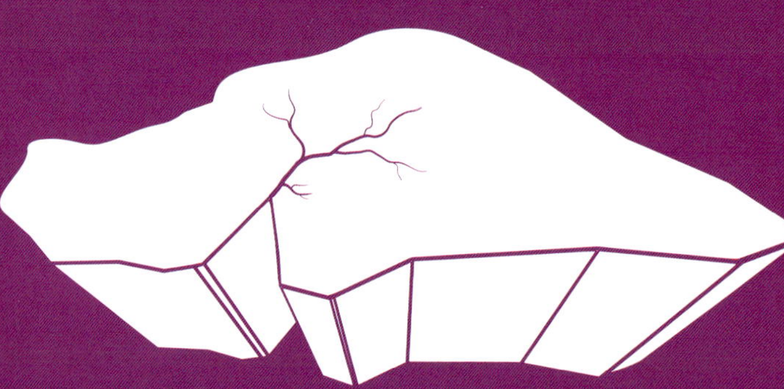

El glacier **más grande** es el **Glaciar Lambert** de la Antártida.

Alaska tiene **100 000** glaciares.

Los **glaciares** ocupan casi el **10 por ciento** de la superficie terrestre.

Algunos glaciares de la Antártida podrían tener **1 millón** de años.

Hay glaciares en **47 países.**

Mira
El contenido de video da vida a cada página.

Navega
Las miniaturas simplifican la navegación.

Lee
Sigue el texto en la pantalla.

Escucha
Escucha cada página leída en voz alta.

Ve a www.openlightbox.com e ingresa el código único de este libro.

CÓDIGO DEL LIBRO

AVH83449